X.

19675

ABÉCÉDAIRE

DES ENFANTS.

ABÉCÉDAIRE
DES ENFAN

ILLUSTRÉ

DE LETTRES ORNÉES.

LIMOGES	PARIS
F. F ARDANT FRÈRES	F. F. ARDANT FRE
rue des Taules.	quai des Augustins,

A a

ARBALÈTE.

Il tend l'Ar-ba-lè-te.

B b

BILBOQUET.

Ils jouent au Bil-bo-quet.

C c

CORDE.

Ils sau–tent à la Cor-de.

D d

DANSE.

Com-me ils dan-sent.

EXCITER.

Il l'ex-ci-te en le frap-pant.

F f

FEU.

Ils jouent a-vec le Feu.

G g

GYMNASTIQUE.

Ils font de la Gym-nas-ti-que.

H h

HANNETONS.

Voi-là les Han-ne-tons.

I i

IMAGES.

Ils re-gar-dent les I-ma-ges.

J j

JARDINIERS.

Les pe-tits Jar-di-niers.

K k

POLICHINELLE.

Ka-bac-tus le sa-vant.

L l

LANTERNE MAGIQUE.

Vo-yez la Lan-ter-ne ma-gi-que.

M m

MARMITON.

Man-geurs et Mar-mi-ton.

LA NATATION.

L'é-co-le de Na-ta-tion.

O o

JEU DE L'OIE.

Ils s'a-mu-sent au jeu de l'Oie.

PATINEURS.

Les pe-tits Pa-ti-neurs.

LES QUILLES.

Ils jouent aux Quil-les.

R r

RONDE.

La Dan-se-Ron-de.

S s

SOLDATS.

Les jeu-nes Sol-dats.

T t

LA TOUPIE.

Ils font al-ler leur Tou-pie.

U u

UN JOLI POISSON.

Re-gar-dez voi-ci l'Um-ble.

VIOLON.

Ils é-tu-dient leur Vio-lon.

X x

NAIN DU ROI.

Ce-ci est Xa-vier le nain du roi.

YOLANDE.

La pou-pée de Yo-lan-de.

ZOÉ LA BARBOUILLÉE.

La pe-ti-te Zo-é.

LET-TRES OR-DI-NAI-RES.

a b c d e f
g h i j k l
m n o p q
r s t u v x
y z.

LET-TRES CA-PI-TA-LES.

A B C D E
F G H I J
K L M N O
P Q R S T
U V X Y Z.

LET-TRES I-TA-LI-QUES.

a b c d e f
g h i j k l
m n o p q
r s t u v x
y z.

CA-PI-TA-LES I-TA-LI-QUES.

A B C D E
F G H I J
K L M N O
P Q R S T
U V X Y Z.

VO-YEL-LES.

a e i o u y.

CON-SON-NES.

b c d f g h j k l m n
p q r s t v x z.

DIPH-TON-GUES.

æ œ ai au ei eu ay.

LET-TRES DOU-BLES.

fi ffi ff fl ffl w.

LET-TRES AC-CEN-TUÉES.

â ê î ô û à è ì ò ù
é ë ï ü.

PONC-TU-A-TI-ONS.

Point	(.)
Virgule	(,)
Point et Virgule	(;)
Deux point	(:)
Point d'interrogation	(?)
Point d'admiration	(!)
Apostrophe	(')
Trait d'union	(-)
Guillement	(»)
Astérisque	(*)
Parenthèses	( )
Crochets	[ ]

CHIF-FRES.

1 2 3 4 5 6 7 8 9 0.

SYL-LA-BAI-RE.

ba	be	bi	bo	bu
ca	ce	ci	co	cu
da	de	di	do	du
fa	fe	fi	fo	fu
ga	ge	gi	go	gu
ha	he	hi	ho	hu
ja	je	ji	jo	ju
ka	ke	ki	ko	ku
la	le	li	lo	lu
ma	me	mi	mo	mu
na	ne	ni	no	nu

pa	pe	pi	po	pu
qua	que	qui	quo	qu
ra	re	ri	ro	ru
sa	se	si	so	su
ta	te	ti	to	tu
va	ve	vi	vo	vu
xa	xe	xi	xo	xu
za	ze	zi	zo	zu

MOTS A E-PE-LER.

Pa-pa, ma-man, gâ-teau, fan-fan, ba-lai, tou-tou, jou-jou, bon-bon, mar-ron, bon-net, cou-teau, rai-sin, por-teur, vo-lant.

Im-pos-tu-re, mas-ca-ra-de, se-cou-ra-ble, né-gli-gen-ce, par-don-na-ble, ob-sti-na-tion, in-cor-ri-gi-ble.

Il faut qu'un en-fant soit bien o-bé-is-sant.

La jus-ti-ce di-vi-ne at-teint tôt ou tard le cou-pa-ble.

A. AMOUR DE DIEU.

Aimer Dieu, c'est le premier mot de l'alphabet d'un enfant chrétien. — C'est la recommandation placée sur la première page de votre joli petit livre. — Et pourquoi? — Parce que l'enfant qui n'aime ni ne veut aimer Dieu ne mérite pas qu'on s'occupe de lui; c'est un vilain! Qu'il s'arrête à cette lettre A. Les bonnes choses qui suivent ne sont pas pour toi, méchant; tu ne les comprendrais point.

B BONHEUR.

En quoi consiste-t-il le Bonheur? A posséder de beaux habits, de nombreux joujoux, à manger à discrétion des dragées et des gâteaux? Non. Je connais de petits pauvres qui n'ont pas ces choses, et qui sont cependant fort heureux; car ils obéissent vite et sans murmure à tout ce qu'on leur commande; ils sont sages, et surtout font très bien leur prière. Aussi le bon Dieu leur donne-t-il le bonheur.

CHARITÉ.

La Charité ! la Charité, s'il vous plaît ! mon bon petit monsieur ; un sou ; rien qu'un sou, au nom du bon Dieu ; je prierai bien pour vous de tout mon cœur ! — Lorsque vous entendez ainsi quelque pauvre s'adresser à vous, ne détournez pas la tête ; si vous ne pouvez pas lui faire la Charité, saluez-le avec respect, car le pauvre est le meilleur ami de notre bon Sauveur Jésus-Christ.

D DIEU.

Dieu est partout ; — il voit nos moindres actions ; — il écoute toutes nos paroles ; — il connaît toutes nos pensées les plus secrètes. Crains donc, redoute Dieu, ô toi, enfant indocile, qui ne songes qu'à mal faire. — Dieu sait ce que tu fais, ce que tu dis, ce que tu veux, et tôt ou tard il te punira ; — tandis qu'au contraire il bénit et il récompensera tes petits condisciples qui sont vertueux.

E ÉCOLE.

L'Ecole est le lieu où chaque jour un enfant doit aller. Mais y aller, pourquoi ? Pour s'amuser, rire, bavarder, déranger ses camarades, désobéir à ses maîtres, tenir ses livres fermés sur la table, barbouiller ses cahiers ? Pas du tout, pas du tout !... Cher petit sot, si tu ne vas à l'Ecole que pour y passer ainsi le temps, reste dans ton lit, et dors-y comme une marmotte, cela te vaudra mieux.

FRANCHISE.

Si vous voulez être aimés, ayez toujours, mes enfants, beaucoup de Franchise. Avez-vous fait une faute ? Avouez-la franchement ; vous êtes sûrs qu'on vous la pardonnera. — Votre maître, vos parents vous interrogent-ils ? Répondez-leur franchement ; c'est-à-dire, si c'est oui, répondez oui ; si c'est non, répondez non. Oh ! quel vilain défaut que le mensonge ! Un menteur est si méprisable !

GOURMANDISE.

Tu manges bien vite, mon petit Camille; ton assiette, ton verre, ta fourchette, ton pain, tout est malpropre; sur ton menton découlent le jus, la sauce, la graisse; d'où vient cela? — Et toi, Georges, est-ce que tu n'as jamais de déjeûner, de goûter, de dîner? tu manges toujours, tu manges partout. Qu'as-tu donc, aussi toi? Silence! j'entends quelqu'un qui me crie: Ce sont deux petits GOURMANDS!

H HABITS.

Comprends-le bien, mon cher Paul ; j'entends que tu aies soin de tes HABITS ; je ne veux pas les voir sales, déchirés. Est-ce que, par hasard, je t'achète des HABITS pour que leur malpropreté nous fasse rougir, qu'on te prenne pour un gamin ? Voyons ça ! Prends une brosse, une baguette, et donne-toi la peine de les arranger, et puis de t'en vêtir comme un enfant bien élevé doit le faire.

IMAGES.

A qui donnerons-nous des images ? A l'enfant qui a le mieux récité ses leçons et composé ses devoirs ; qui a été en classe le plus laborieux et le plus attentif; dans sa famille le plus obéissant ; à l'église le plus recueilli. — Il conservera précieusement ces témoignages de satisfaction ; et s'il en compte, à la fin de l'année, un plus grand nombre que ses condisciples, il recevra le prix d'honneur.

JÉSUS-CHRIST.

Seconde personne de la très sainte et très adorable Trinité, qui, pour nous sauver, nous racheter, nous ouvrir le ciel, a pris un corps et une âme dans le sein de la glorieuse Vierge Marie. — Que de douleurs a accepté et enduré, pour chacun de nous en particulier, ce Dieu-Homme, né dans une pauvre crèche, travaillant dans un atelier comme un mercenaire, mort enfin sur une Croix !!!

K KEEPSAKE.

Prononcez ce mot, emprunté depuis peu à la langue anglaise, Kipseke. Et que signifie-t-il? Souvenir, gage d'amitié. On s'en sert pour désigner de jolis petits livres d'étrenne, richement reliés, et qui, de plus, ont à l'intérieur de superbes gravures, outre qu'ils sont admirablement imprimés. Au premier janvier ou à la fin de l'année tâchez donc de mériter un Keepsake.

LECTURE.

Que faut-il pour bien lire? Répondez ainsi à cette question, mes enfants : Nous prononçons comme on doit le faire, ni trop haut ni trop bas, ni trop vite ni trop lentement, nous nous arrêtons un peu aux virgules, un peu plus aux point et virgule, et nous prenons notre respiration entière au point. — Bravo! mes enfants, vous savez bien lire.

MARIE.

Après le nom de N.-S. J.-C., celui de Marie est le plus beau, le plus saint que nous puissions dire. — Prononçons-le souvent, bien souvent, ô Marie, d'abord pour vous glorifier; puis pour vous invoquer dans nos besoins et nos afflictions; — enfin pour nous rappeler vos vertus admirables, et nous efforcer de les imiter. — La seconde prière qu'un enfant doit savoir, c'est : Je vous salue, Marie.

N NÉGLIGENCE.

Le défaut de soin, d'exactitude, d'application, s'appelle NÉGLIGENCE. Voyez cet enfant dont les livres et les cahiers sont toujours en désordre. — Tous ses vêtements sont sales. — La cloche l'appelle en classe, mais il ne l'entend pas, et il arrive après ses condisciples. — Le maître parle, mais il n'écoute pas. — On lui fait remarquer une faute, et il ne la corrige point. — Eh bien! cet enfant est NÉGLIGENT.

OISIVETÉ.

Comment, monsieur, vous restez là les bras croisés, tournant la tête dans tous les sens, troublant le silence de la classe ? — Jamais un livre dans les mains, une plume sous les doigts. — Qu'on vous regarde le matin ou le soir, on vous trouve toujours ne faisant rien, absolument rien ! — Et vous croyez que nous serons assez faibles pour vous laisser ainsi grandir dans l'oisiveté ? Non, vraiment non. Dès aujourd'hui : à genoux.

PAROLES.

Attention aux moindres de vos paroles ! — Vous vous moquez de votre prochain, vous dites du mal de lui, vous lui cachez la vérité ; ou bien, ce qui est plus grave, vous mettant en colère, vous le menacez, vous désirez qu'il lui arrive malheur ; ou bien enfin vous lui donnez de mauvais conseils. — Prenez garde ! Dieu vous demandera compte de toutes ces détestables paroles !

QUALITÉS.

Un enfant lit et écrit très bien; il se tient propre; il est fort poli, fort honnête; ce sont là de belles QUALITÉS. Mais il en est d'autres plus précieuses encore! Lesquelles donc? — Les voici : Aimer Dieu de tout son cœur, et, à cause de lui, ses parents, ses maîtres, ses condisciples, les domestiques, les pauvres; — être toujours disposé à leur faire tout le bien possible. Ces QUALITÉS s'appellent vertus !

R RELIGION.

Un enfant qui ne manque jamais d'offrir son cœur à Dieu en se levant, — qui fait exactement avec attention sa prière matin et soir, — qui n'omet pas son *Benedicite* et ses *Grâces*, — qui souvent assiste à la sainte Messe, mais qui n'y manque jamais le dimanche et les jours de fêtes, — qui, ces beaux jours-là, se rend à Vêpres et écoute avec piété le sermon, — ce très cher enfant a de la RELIGION.

SAGESSE.

Mon petit Albert, êtes-vous sage? La sagesse consiste à travailler avec courage, — à écouter tous les bons conseils, — à obéir sans murmure, — à ne jamais mentir, — à éviter les querelles, — à ne s'irriter point, — à fuir les méchantes compagnies, à repousser les mauvais propos, — à traiter avec bonté les plus pauvres, les plus ignorants de nos frères. — Voyez, mon petit Albert, êtes-vous sage?

TORT.

Quand on a tort, que doit-on faire? Faut-il nier, mentir, s'entêter, se battre pour prouver qu'on est dans son droit! Il n'est point coupable, M. Adolphe, car il s'agite, il frappe du pied, il crie. — Va, petit méchant, tu te figures qu'on est dupe de ta malice, de tes simagrées? On doit te punir, parce que tu ajoutes fautes sur fautes! Quand on a le tort, il faut d'abord en convenir.

U UNION.

Pas de disputes, encore moins de batailles entre vous, mes enfants. Soyez UNIS ! De votre UNION dépend votre bonheur. En effet, est-ce que vos injures, vos jalousies, vos vengeances ne vous rendraient pas très pénibles les heures que vous passez au milieu de nous? Est-ce que vos maîtres, ainsi que vos bons parents, ne craindraient pas qu'un jour vous ne soyez détestés de tous ceux qui vous approcheront?

V VERTU.

Voulez-vous remplir de consolation et de bonheur le cœur de vos maîtres et de vos parents, — être chéri de vos condisciples, — obtenir l'estime de tout le monde, — passer sur cette terre des jours bénis, — recevoir un jour dans le beau paradis de magnifiques couronnes, — prendre éternellement place au milieu des saints Anges du ciel?

— Aimez, mes chers enfants, et pratiquez toujours la VERTU.

X XAVIER.

Aussitôt que vous le pourrez, lisez la belle vie de saint François Xavier, appelé l'apôtre des Indes et du Japon. — L'apôtre, c'est-à-dire l'homme qui consacra toute sa vie à prêcher l'Evangile à de pauvres peuples qui ne connaissaient pas Notre-Seigneur Jésus-Christ. Par sa parole infatigable, par ses vertus, par son zèle, par sa charité, il les rendit bons et doux de méchants qu'ils étaient.

Y YOLOFS.

Qu'est-ce que les Yolofs? Ce sont des peuples de la Sénégambie, en Afrique, qui adorent des fétiches. Ce sont des pierres, des serpents, des poissons, etc. Comment! ces sauvages se mettent à-genoux devant d'aussi misérables idoles? Oui, cela est très vrai! Voyez donc combien vous devez vous estimer heureux d'être Chrétiens, enfants soumis de la sainte Eglise!

Z. ZÈLE.

Le ZÈLE est un sentiment vif et affectueux qui nous porte à faire tout ce qui peut être utile à notre prochain, — surtout ce qui peut contribuer au salut de son âme et à la gloire de Dieu. — Si vous demandez au ciel ce désir ardent de voir la vertu régner partout sur la terre; — si vous travaillez à rendre vos condisciples bons et sages; — si vous ne rencontrez pas un pauvre sans chercher à le consoler, un malade sans lui prodiguer les soins qui dépendent de vous, un ignorant sans l'instruire de ses fautes et de ses devoirs, vous nous montrerez par là que vous avez le ZÈLE des enfants chrétiens.

FIN.

Limoges. — Imp. F. F. Ardant frères.

www.ingramcontent.com/pod-product-compliance
Lightning Source LLC
LaVergne TN
LVHW021729080426
835510LV00010B/1182